108 Citater om Tro af Amma

108 Citater om Tro af Amma

Udgivet af:
    Mata Amritanandamayi Center
    P.O. Box 613, San Ramon, CA 94583
    Forenede Stater

-------- 108 Quotes on Faith (Danish) --------

Copyright © 2015 Mata Amritanandamayi Mission Trust, Amritapuri, India.
Alle rettigheder forbeholdes. Ingen del af denne udgivelse, bortset fra citater i begrænset omfang, må gengives i nogen form eller på nogen måde, hverken elektronisk eller mekanisk, herunder fotokopieres, uden udtrykkelig skriftlig tilladelse fra udgiveren.

Første udgave af Mata Amritanandamayi Center: April 2016

Danmark:
    Hjemmeside: www.amma-danmark.dk
    E-mail: info@amma-danmark.dk

India:
    Website: www.amritapuri.org
    Email: inform@amritapuri.org

1

Den Universelle Kraft findes indeni dig, men denne viden har muligvis ikke rodfæstet sig endnu. Denne Højeste Sandhed kan kun opnås gennem tro og meditation.

2

Spiritualitet har intet at gøre med blind tro; det er princippet om årvågenhed, som fordriver mørket. Mange spirituelle Mestre har udført udtømmende forskning, endnu mere end visse moderne videnskabsmænd. Hvor videnskab er air-condition for den ydre verden, er spiritualitet air-condition for den indre verden.

3

Meget ofte glemmer vi, at stærk tro og uskyldsren kærlighed med lethed kan betræde planer, som intellekt og logik ikke har adgang til. Vi kan se, hvordan den kraft, som findes i uskyld, har været drivkraften bag mange banebrydende opdagelser gjort af berømte videnskabsmænd. Har du bemærket, hvordan et barn ser på alt med øjne store af forundring? På samme måde betragter en sand videnskabsmand også dette univers med forundring. Dette hjælper videnskabsmanden til at udforske universets mysterier.

4

Tro er grundlag for alting. Det er menneskers tro og hengivenhed – ikke ritualer og ceremonier – som fylder templerne med spirituel energi. Hvis du har nok tro, kan alt vand blive lige så helligt som Ganges Floden, men uden tro er Ganges blot almindeligt vand.

5

Vi prøver ofte på at måle og vurdere livet udelukkende med intellektuelle overvejelser og logik, men med denne indstilling kan vi ikke opnå dybde i viden og erfaring. Vi bør lære at nærme os livets oplevelser med kærlighed og tro. Så vil livet åbenbare alle dets mysterier for os.

6

Tro på teorien om karma (aktion og reaktion). Så vil du se Guds usynlige hænder overalt. Guds skjulte kraft er årsagen til alt, som er manifesteret.

7

Når fakta er tilgængelige, er tro ikke nødvendig. Det er et faktum, at jorden, planter, træer, floder og bjerge alle eksisterer. Vi behøver ikke tro for at vide, at de eksisterer. Vi har brug for tro, når rationel tankegang ikke slår til.

Da Gud er usynlig, er du ene og alene afhængig af din tro for at kunne stole på den Guddommelige eksistens.

8

Lige som du stoler på videnskabsmændenes ord, når de taler om fakta, som er ukendt for os, så tro på de store Mestres ord, som taler til os om Sandheden; de er grundfæstede i denne sandhed.

9

Skrifterne og de store Mestre minder os om at Selvet, eller Gud, er vores sande natur. Gud er ikke langt væk fra os. Gud er det, vi virkelig er, men vi behøver tro for at tilegne os denne sandhed.

10

Gud er ikke begrænset til et tempel eller et bestemt sted. Det Guddommelige er allestedsnærværende og almægtigt og kan antage enhver form. Prøv at se din Elskede Guddom i alt.

11

Gud er ikke et begrænset individ, som sidder alene oppe i skyerne på en gylden trone. Gud er ren bevidsthed, iboende i alt. Forstå denne sandhed, og lær at acceptere og elske alle ligeligt.

12

Spiritualitetens grundlag er ikke blind tro. Det er en oprigtig spørgen indad, det er en intens udforskning indeni ens eget Selv. At tro på en højere magt hjælper os til at styre vores sind og vores tanker.

Selv om fremskridtene kan være langsomme og gradvise, så fortsæt dine anstrengelser med tålmodighed, tro og entusiasme.

13

At tvivle er tillært, mens tro er iboende. Tvivl er din fjende nummer èt. Tro er din bedste ven. Find den frem, og lær at tro. Så vil du nå frem til et positivt resultat.

14

Skønhed ligger i tro, og tro hviler i hjertet. Intellekt og rationel tankegang er nødvendige, men vi bør ikke lade dem opsluge vores tro. Vi må ikke tillade, at intellektet fortærer vores hjerte.

15

Hvad vi har brug for er at tro på en Højeste Kraft, som styrer hele universet, som er hinsides sindet og sanserne, og som får selv intellektet til at fungere. Vi må udforske kilden til denne Kraft, som findes i os selv.

At tro på den Kosmiske Kraft, samt at meditere for at lære denne Højeste Kraft at kende vil hjælpe os til at opnå viden om Selvet, enhed, fred og ro.

16

Hvis du ønsker, at dine lidelser skal få en ende, så bed om at dit begær må udryddes. Bed også til, at din tro og kærlighed til Gud må vokse. Hvis du kan gøre dette, vil det Guddommelige opfylde alle dine behov.

17

Gud er altid hos dig og vil helt sikkert vise sig, når du kalder med dyb længsel. De, som har denne oprigtige indstilling: "Der er ingen andre som kan frelse mig, Du alene er mit tilflugtssted," vil opleve, at alle deres behov bliver varetaget direkte af det Guddommelige.

18

Nogle mennesker siger: "Gud er bare en overbevisning," men sandeligt findes det Guddommelige i hjertet hos hvert eneste menneske. Gud har ingen særskilte hænder, ben, øjne eller krop udover vores egne. Den Kosmiske Kraft i det indre hos hver og èn af os er Gud.

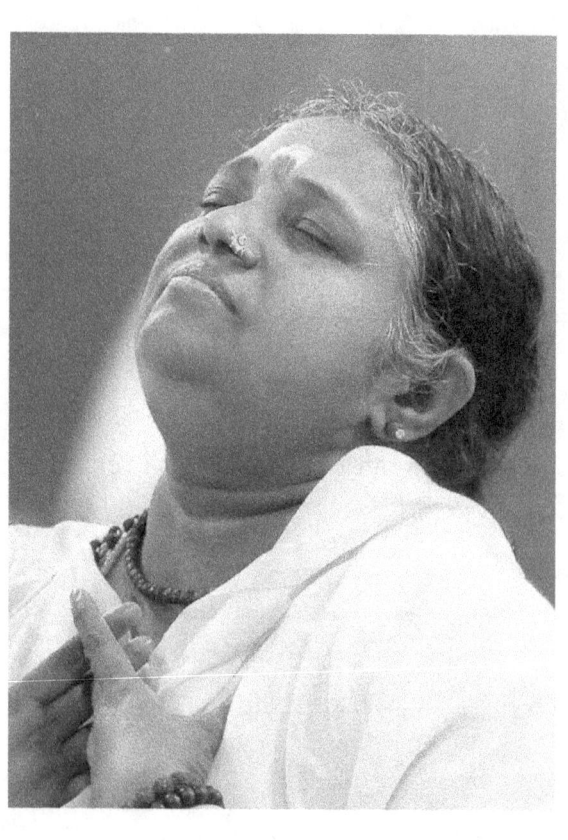

19

Det gør ikke så meget, om du er troende, ikke-troende eller en skeptiker. Du kan være ikke-troende og alligevel leve et lykkeligt og succesfuldt liv, når bare du tror på dit Selv og tjener samfundet.

20

Sand tro er tro på dit eget Selv. Selv om vi tror på en ydre Gud, så er denne Gud rent faktisk i vores indre; det er vores eget sande Selv.

21

Tro på dit eget Selv. Prøv at forstå hvem du er, dit sande Selv. Dette er tilstrækkeligt. Hvis du ikke tror på dit Selv, er det svært at gøre fremskridt, også selvom du tror på Gud.

22

Tro og selvtillid er afhængige af hinanden. At tro på Gud er at styrke din tro på dit Selv, tilliden til dit eget sande Selv; dette er sand Selv-tillid. Hvis dette mangler, kan dit liv ikke lykkes.

23

Husk altid, at når tusmørket ankommer, så bærer det allerede daggryet i sit skød. Mørket kan ikke bestå ret længe. Når tiden er inde, vil morgengryet bryde ud og stråle. Optimisme er Guds lys. Det er en form for nåde, som tillader dig at se livet med større klarhed.

24

Solen har ikke brug for lyset fra et stearinlys; Gud vil ikke have noget fra os. Det er meningen, at vi skal bruge Guds lys til at fordrive verdens mørke; dette er det Guddommelige princip.

25

Selv-tillid giver os mental balance, mod og kontrol over vores sind. Selv-tillid gør det muligt for os modigt at konfrontere problemerne i vores liv. Nogle problemer er uafvendelige og uundgåelige Troen på dig Selv vil hjælpe dig til se problemerne i øjnene og overvinde dem.

26

Kvinder skal aldrig tro på, at de er mænd underlegne. Det er kvinder, som har født hver eneste mand i denne verden. Vær stolte over denne enestående velsignelse, og fortsæt med at tro på din iboende kraft.

27

Vi er ikke stearinlys, som skal tændes af nogen. Vi er solen, som stråler af sig selv. Vi er legemliggørelsen af den Højeste Bevidsthed, og vi må vågne op til denne sandhed. Vi er kærlighed.

28

Når mennesker mister deres tro på Gud, er der ingen harmoni eller fred i samfundet. Folk handler og lever som det passer dem, Uden tro vil moral og etik forsvinde fra jordens overflade, og folk vil være fristet til at leve som dyr. Manglen på tro, kærlighed, tålmodighed og tilgivelse ville gøre livet til et helvede.

29

Vi har muligheden for at blive til det, som hver af os vælger at være. Vi kan vælge at være en retskaffen sjæl, som i tanke og handling kun ønsker godt for andre. På den anden side kan vi også vælge at være indbegrebet af ondskab. Det frie valg er den største velsignelse ved at være født som menneske, men for at opleve denne velsignelse fuldt ud, må vi have barnets uskyld og tro.

30

Ligegyldigt hvilken religion vi lever efter, hvis vi bare forstår de spirituelle principper, kan vi nå det ultimative mål: Erkendelsen af vores egen sande natur.

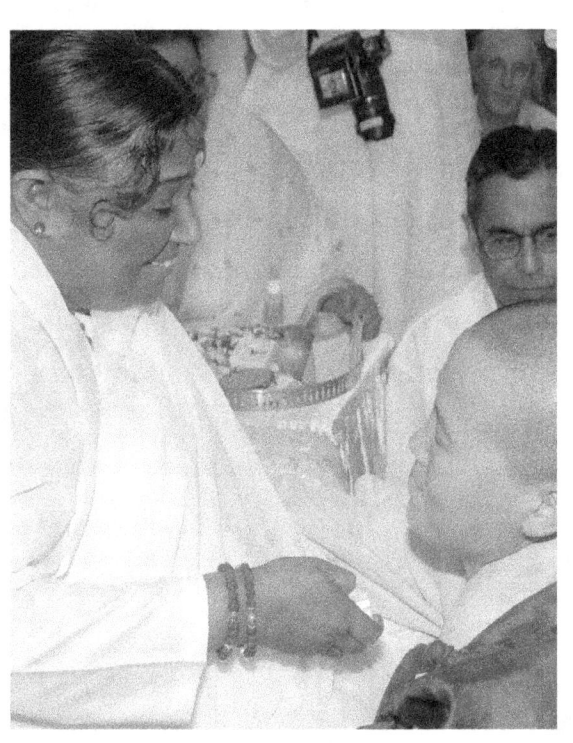

31

Det er meget vigtigt, at vi respekterer de følelser og den tro, som mennesker fra alle de forskellige religioner har. Troen på det indre Selvs umådelige kraft vil bringe sand enhed mellem mennesker og mellem menneskeheden og naturen.

32

Den virkelige mening med religion er at tro på, at der findes en højere Magt og at leve i henhold til spirituelle værdier.

33

Der er ingen forskel på Skaberen og skabelsen, ligesom der ingen forskel er på havet og dets bølger. Det er den samme bevidsthed, som gennemtrænger alt. Tro såvel som kærlighed til hele skabelsen bør indpodes i vores børn. Dette er muligt igennem den rette spirituelle uddannelse.

34

Det skader ikke at have mange religioner og trosretninger, men det er skadeligt at tro, at de er forskellige, og at den ene er højere og den anden er lavere. Børn, se ikke forskellene. Se ensartetheden i dem og de store idealer, som de alle underviser os i..

35

Kærlighed og medfølelse er de grundlæggende principper i alle ægte religioner. Disse Guddommelige kvaliteter er essensen af alle trosretninger.

36

Kærlighed og tro er livets hjørnesten. Det er kun, når vi tjener andre med den rette forståelse af kærlighed og tro, at vi selv bliver lykkelige og finder indre fred.

37

Under byggearbejde bruges stænger af stål for at forstærke beton. Uden dem ville bygninger falde sammen. Troen på Gud kan sammenlignes med disse stænger. Tro styrker vores svage sind. Hvis vi tror, så græder vi ikke for at få illusoriske ting, og de driver os ikke til vanvid.

38

Intellektet er som en saks. Det klipper og afviser alt og accepterer intet. Hjertet er derimod som en nål; det sammenføjer alt og gør ting som tilsyneladende er forskelligartede til en enhed. Hvis vi dykker dybt nok ned i os selv, så vil vi finde den ene tråd af universel kærlighed, som binder alle væsener sammen. I dette univers er det kærlighed, som binder alt sammen.

39

Hvis du har sand tro, så vil du falde ind i hjertet helt af dig selv. At falde ind i hjertet er i virkeligheden at løfte sig op og svæve højt.

40

Tro og kærlighed er ikke to forskellige ting. De er indbyrdes afhængige. Uden tro kan vi ikke elske nogen, og omvendt. Hvis vi elsker og tror fuldt ud på nogen, så vil blot tanken om den person give os en særlig glæde. Føler vi nogen glæde, hvis vi ikke tror på ham, men regner ham for en tyv? Elskeren åbner sit hjerte for sin elskede, fordi han tror på hende. Den tro er kærlighedens fundament. Kærlighed udspringer af tro.

41

Hele livet hviler på tro. For hvert skridt, vi træder fremad, har vi brug for tro. Tro skaber en strøm, som oversvømmer hele universet.

42

Kærlighed er det universelle lægemiddel. Når der er gensidig kærlighed, opmærksomhed og forståelse i livet, og når vi tror på hinanden, så formindskes vores problemer og bekymringer.

43

Fokusèr på kærlighed, gensidig tillid og tro. Når du har tro og kærlighed, vil årvågenhed i alle dine handlinger følge helt af sig selv.

44

Sand lytten er mulig, når du er tom i dit indre. Hvis din indstilling er: "Jeg er en nybegynder, jeg er uvidende," så kan du lytte med tro og kærlighed.

45

Vi må tro på, at Gud altid er hos os. Bevidstheden om dette vil give os al den energi og begejstring, som vi behøver for at forvandle enhver forhindring i livet. Denne optimistiske indstilling bør aldrig forlade os.

46

Børn, det siges, at der findes troende, som lever et ulykkeligt liv. Men virkeligt troende, dem som er udstyret med sand tro, er lykkelige og tilfredse i enhver situation. Kendetegnet ved sande hengivne er, at de altid har acceptens smil på deres læber.

47

Uden tro er vi fyldte af angst. Angst forkrøbler vores krop og sind, lammer os, mens tro derimod åbner vores hjerter og leder os til kærligheden.

48

Når du forstår, at verden af natur er forgængelig og indser, hvor hjælpeløst egoet er, så begynder troen på spiritualitet at melde sig. Lyset fra Guruens nåde hjælper os til at se og fjerne de forhindringer, som er på vores vej.

49

Børn, når vi husker på, at vi kan dø når som helst, så hjælper dette os til sand tro og til at bevæge os mod Gud. Er det ikke på grund af mørket, at vi kender lysets storhed?

50

Hvorfor sætte din lid til sindet? Sindet er som en abe, der springer fra gren til gren, fra en tanke til den næste. Det vil det fortsætte med, til dets sidste øjeblik. Tro i stedet for på en Mester og du vil helt sikkert finde fred.

51

Det gør ingen forskel for Gud eller for en stor helgen, om folk tror på dem eller ej. De har ikke brug for vores tro eller for vores tjeneste. Det er os, som har brug for deres nåde. Det er kun gennem tro, at nåden kan strømme til os.

52

Mesterens eneste formål er at inspirere disciplene og indgyde dem den tro og kærlighed, som er nødvendig for at nå målet. At skabe kærlighedens ild til Gud, det er Mesterens første og primære opgave.

53

Amma siger ikke, at du behøver at tro på hende eller på Gud. Det er nok, at du tror på dig selv. Alt er i dit indre.

54

Når du først godtager en Mahatma (hellig person) som din guru, så stræb efter barnets uskyldige tro og overgivelse. Du kan få alt, hvad du behøver fra en Satguru (sand lærer). Der er ingen grund til at blive ved med at søge.

55

Tro er ikke en intellektuel proces. Mesteren kan ikke forstås gennem sindet eller intellektet. Tro alene er vejen.

56

Lydighed overfor guruen er meget vigtig. Guruen er den alt-gennemtrængende Parabrahman (Det Absolutte Selv) i menneskelig form, dit sande Selv og hele skabelsens grundlæggende essens. At tro på Guruen er det samme som at tro på dit Selv.

57

Børn, al spiritualitet kan siges med èt ord, og det ord er Shraddha. Shraddha er den ubetingede tro, som disciplen har på Mesterens ord og på skrifterne.

58

Hvis man har tro og lydighed overfor Guruen og dertil viden om spirituelle principper, så vil ens vasanas (vanemæssige tendenser) hurtigt blive tilintetgjort.

59

Der er utallige eksempler på, at mennesker trofast har chantet et mantra, og har praktiseret strengt mådehold ud fra Ammas instruktioner. Herved oplevede de en lindring af smerten i deres liv, og afværgede ulykker forudsagt i deres horoskop.

60

Selvom en patient har den bedste læge, kan behandlingen være uden virkning, hvis patienten mangler tiltro til ham. På samme måde må vi tro på vores spirituelle Mester. Det er gennem denne tro, at vi vil blive helbredt.

61

Det er ikke nok bare at tro på lægen. Vi er også nødt til at tage medicinen for at blive helbredt. Ligeledes kan du ikke opnå spirituelle fremskridt, hvis du bare læner dig tilbage uden at gøre noget og siger: "Troen vil frelse mig."

Det er nødvendigt både at tro og at gøre en indsats for at gøre fremskridt.

62

Guruen vil være med dig for at vise dig vej gennem enhver kamp eller krise, men sid ikke med hænderne i skødet, bare fordi Guruen vejleder dig. Det er nødvendigt med anstrengelser og vedholdenhed fra din side.

63

Det er nødvendigt både at tro og at gøre en indsats. Hvis du planter et frø, så vil det måske nok spire, men for rigtigt at vokse har det brug for vand og gødning. Tro vil gøre os bevidst om vores sande natur, men for at få den direkte oplevelse er det nødvendigt at gøre en indsats.

64

Vi må indse vores handlingers begrænsning og rollen, den Guddommelige Nåde spiller i vores liv. Mine børn, bevar troen på denne Kraft og bed om Nåde.

65

Når du har fuldkommen tro, så vil du opleve hver eneste genstand som gennemstrømmet af den Højeste Bevidsthed. Fuldkommen tro er den endelige befrielse. Når du opnår denne tilstand, vil al din tvivl forsvinde. Guruen vil vejlede dig til at nå denne ultimative tilstand.

66

Intet kan gøre en sand troende fortræd. Tro kan give os umådelig styrke. Alle livets forhindringer, uanset om de er skabt af mennesker eller af naturen, vil smuldre, når de rammer vores faste og urokkelige tro.

67

For en oprigtigt søgende er spiritualitet ikke et af livets mindre betydningsfulde aspekter; den er lige så meget en del af dig som dit åndedræt. Din tro bliver urokkelig.

68

Tro vil tillade Satguruens konstante strøm af nåde at nå dig. Amma er mere end denne krop. Hun er alt-gennemtrængende og allestedsnærværende. Tro på at Ammas Selv og dit Selv er èt.

69

Når du først har udviklet tro på en spirituel Mester, så tillad ikke din tro at blive rystet. Din tro bør være urørlig og uophørlig. Dine mentale urenheder kan kun blive fjernet, når du tror fuldt og fast på Mesteren.

70

Intet kan ødelægge de oprigtigt søgendes tro. De vil have en urokkelig tro på deres Mester og på muligheden for at opleve Gud og opnå den Højeste tilstand.

71

Hvis du tror fast og beslutsomt på, at enhver situation, positiv eller negativ, er en besked fra det Guddommelige, så er en ydre Guru ikke nødvendig. Men de fleste mennesker har ikke tilstrækkelig styrke eller beslutsomhed.

72

Vær af den faste opfattelse, at ingen kan nedbryde din tro. Hvis nogen prøver på at knuse din tro, så se det som en prøvelse fra Gud og gå fremad med overbevisning.

73

At prøve at genopvække en mistet tro er som at prøve på at få hår til at gro på et skaldet hoved. Når du først har mistet troen, er det yderst vanskeligt at genvinde den. Iagttag personen nøje, før du accepterer vedkommende som din Guru.

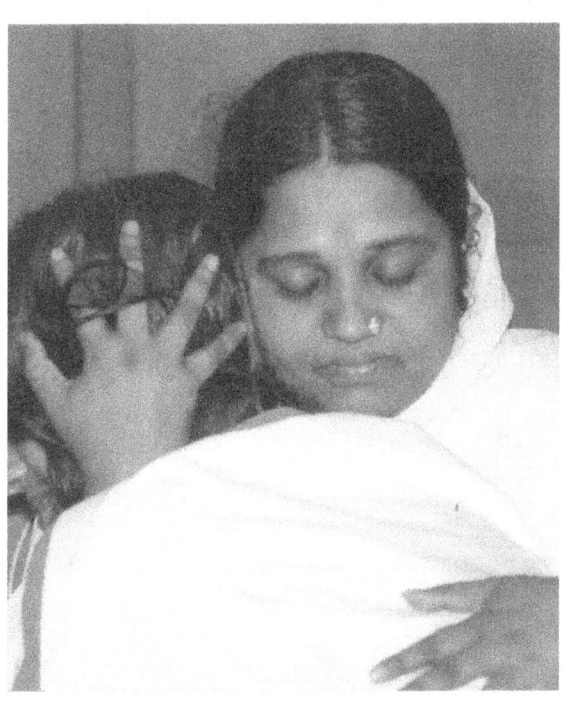

74

Hvis du uskyldigt og med tro beder til Amma, så vil Hun helt sikkert hjælpe dig. Hun er der altid for dig. Hvis du falder ned, vil Hun hjælpe dig op.

75

Stræb efter at være som et barn, begavet med en mægtig tro og tålmodighed. For at nå målet må vores tro være inspireret af barnets uskyld.

76

Efterhånden som vi bliver ældre, mister vi vores begejstring og glæde. Vi bliver tørre og ulykkelige. Hvorfor? Fordi vi mister vores tro og uskyld. Et eller andet sted indeni hver af os slumrer et barns glæde, uskyld og tro. Genopdag den.

77

Leg som et barn. Genopvæk denne uskyld i dit indre. Brug tid sammen med børn. De vil lære dig at tro, at le og at lege. Børn vil hjælpe dig til at smile fra hjertet og til at få forundringens lys i dine øjnene. Guddommelig kærlighed gør dig uskyldig som et barn.

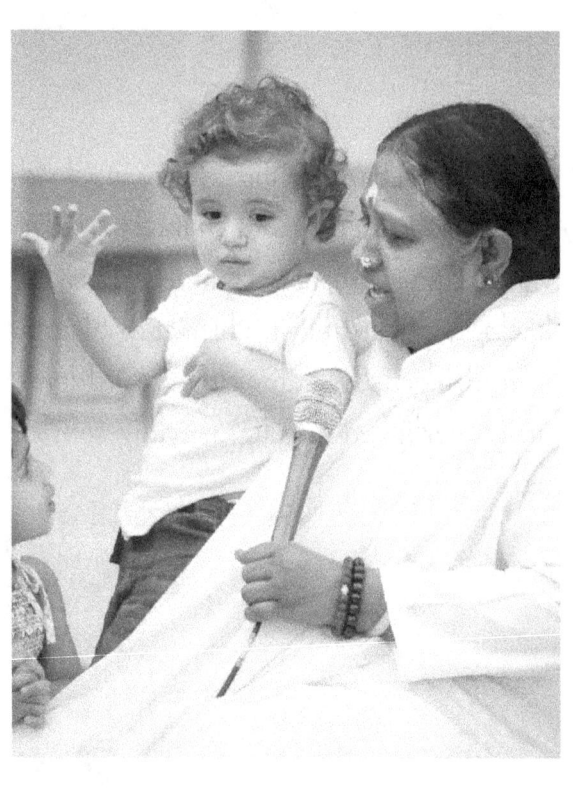

78

Med barnets tro og tillid er alt muligt.
Din uskyld og dit rene hjerte vil frelse dig.

79

Det kan være nødvendigt at gå gradvist fremad i spirituel udvikling, på grund af dine samskaraer (tilbøjeligheder fra tidligere liv). Det er en langsom proces, som kræver tro og selvtillid.

80

Den spirituelle energi, som du har opnået igennem din sadhana (spirituel praksis), forbliver indeni dig. Bevar din tro og begejstring. Hverken dine anstrengelser eller frugten af dine handlinger kan blive tilintetgjort. Opgiv aldrig nogensinde håbet.

81

Tålmodighed, begejstring og optimisme, disse tre kvaliteter bør være vores livs mantraer. Indenfor ethvert felt kan vi se, at de der tror, får succes. De, der mangler tro, mister deres styrke.

82

En person, som er rustet med tro på det Højeste, holder fast i dette princip, når en krise indtræffer. Det er denne tro, der giver os et stærkt og balanceret sind, som gør det muligt for as at konfrontere enhver krævende situation.

83

Når du virkelig tror på Gud og praktiserer meditation, mantra-repetition og bøn, så vil du opnå tilstrækkelig styrke til at imødegå enhver situation uden at miste modet. Du vil være i stand til at handle med årvågenhed, selvom omstændighederne er vanskelige.

84

Troen på Gud vil give dig den mentale styrke, som du har brug for til at konfrontere alle livets problemer. Troen på Guds eksistens vil beskytte dig; den får dig til at føle dig tryg og beskyttet overfor alle verdens negative påvirkninger.

85

Hvis du prøver på at løbe væk fra din skygge, vil du simpelthen bryde sammen af udmattelse. Se i stedet livets vanskeligheder i øjnene med kærlighed og tro. Husk at du aldrig er alene på denne rejse. Det Guddommelige er altid hos dig. Tillad Hende at holde dig i hånden.

86

En sand sadhak (spirituelt søgende) tror mere på nutiden end på fremtiden. Når vi tror på det nuværende øjeblik, vil al vores energi manifestere sig her og nu. Overgiv dig til det nuværende øjeblik.

87

Fortiden er et sår. Hvis du kradser i såret ved at dykke ned i fortidens minder, så vil der gå betændelse i såret. Undgå dette, ellers vil det blive større. Lad det hele i stedet for. Helbredelse er kun mulig gennem tro og kærlighed til det Guddommelige.

88

Vi må udvikle troen på os selv, hellere end at læne os op ad andre for at få lindring. Først da vil vi finde sand trøst og tilfredsstillelse.

89

Mennesker og genstande, som du er knyttet til, vil forlade dig en dag. Hver gang noget eller nogen forsvinder ud af dit liv, bliver du måske overvældet af kval og angst. Dette vil fortsætte, indtil du overgiver dig til Gud og udvikler tro på dit sande Selvs evige væsen.

90

Du er kun i stand til at bevæge dig og til at handle på grund af den Almægtiges nåde og kraft. Vær af den overbevisning, at Gud er din eneste sande slægtning og ven.

Hvis du overgiver dig, så vil det Guddommelige altid lede dig. Med tro på denne Guddommelighed vil du aldrig vakle.

91

Alle dine problemer opstår, fordi du ikke står fast indeni dig Selv. Bevidsthed er den evige kilde til kraft. Vores lille verden bør udvide sig, til den bliver til hele universet. Mens den vokser, kan vi se vores problemer langsomt opløse sig.

92

Din stærkeste relation bør være til det Guddommelige. Fortæl Hende alle dine sorger, og det vil bringe dig nærmere. Hun kan ikke sidde tavs og uberørt, når nogen kalder med et uskyldsrent hjerte. Tro og overgivelse fjerner alle sorger.

93

Hver af os bærer en byrde af sorg og smerte fra tidligere oplevelser. Helbredelsen består i at udvikle kærlighed, medfølelse og ærbødighed. Dette vil læge alle sår.

94

Medfølelse er en forlængelse af troen og bevidstheden om, at Guddommelighed er alt-gennemtrængende.

De, som mangler medfølelse og ikke bekymrer sig om andres velfærd, mangler også tro.

95

Modtagelighed er styrken til at tro, til at have tillid og til at acceptere kærlighed. Det er styrken til at forhindre tvivl i at trænge ind i dit sind.

96

Ligesom enhver anden beslutning, så er lykken også en beslutning. Tag en fast beslutning: "Ligegyldigt hvad der sker, så vil jeg være lykkelig. Da jeg ved, at Gud er med mig, vil jeg være modig." Gå fremad uden at miste Selv-tilliden.

97

Mit barn, mist aldrig modet. Mist aldrig tilliden til Gud eller til livet. Vær altid optimistisk ligegyldigt hvilken situation, du befinder dig i. Du kan udrette hvad som helst med tro og mod.

98

Som nektar i den friske ny-udsprungne blomst, lad godhed fylde dig. Når du åbner dig, vil du opdage, at solen har skinnet hele tiden, og at vinden hele tiden har blæst og båret guddommelighedens sødmefyldte duft. Der er ingen betingelser, og der bruges ingen tvang. Tillad blot at døren til dit hjerte åbner sig; den var aldrig låst.

99

Den oplæring og disciplin, som modtages i ungdommen, vil gøre et stærkt indtryk på sindet og spille en stor rolle i karakterdannelsen.

Forældre bør være omhyggelige med ikke kun at give deres børn føde og opfylde deres ønsker, men også at opdrage dem, indgyde dem tro og en god væremåde..

100

Hvis din tro på Gud er sand, så kan du ikke gøre Naturen fortræd. Dette skyldes, at sand tro viser os, at Naturen er Guddommelig og ikke adskilt fra vores eget Selv.

101

Gå fremad med tro. Den, som tror ubetinget, vil aldrig vige fra vejen.

102

En person, som er udstyret med virkelig tro, vil være standhaftig. En person, som er sandt religiøs, kan finde fred. Kilden til denne fred er hjertet, ikke hovedet. En tro, som er opnået gennem fortælling, lytten og læsning, vil ikke vare længe, hvorimod den tro som er vundet gennem erfaring, vil vare evigt.

103

Hvor der er kærlighed, er der ingen anstrengelse. Slip alle dine beklagelser over fortiden, og slap af. Afslappelse vil hjælpe dig til at opnå større styrke og vitalitet. Afslappelse er en teknik, som gør det muligt at få et glimt af din sande natur, den uendelige kilde til din eksistens. Det er kunsten at gøre sindet stille.

Når du først har lært denne kunst, sker alt spontant og uden anstrengelse.

104

Alle handlinger bærer frugt. Fremtiden er denne frugt, men du skal ikke bekymre dig om fremtiden. Vent tålmodigt, vær tilstede i nuet, udfør dine handlinger med opmærksomhed og kærlighed. Når du kan leve i hvert øjeblik mens du handler, så vil resultaterne være gode.

Hvis handlinger udføres helhjertet og med oprigtighed, så må de bære gode frugter. Hvis du i stedet bekymrer dig om frugten, så vil det ikke lykkes for dig at gøre den nødvendige indsats, og du vil heller ikke opnå det forventede resultat.

105

Når du ser livet og alt, hvad livet bringer med sig, som en dyrebar gave, så vil du kunne sige "ja" til alt. "Ja" er accept. Hvor der er accept, vil livets flod altid bære dig. Kærlighed flyder ganske enkelt. Enhver, som er villig til at tage springet og dykke i, vil blive accepteret, som de er.

106

Hav tro, mine børn. Der er ingen grund til at være bange. Du skal vide, at Amma altid er hos dig.

107

Fast beslutsomhed og urokkelig tro er de to faktorer, som er nødvendige, for at alt kan lykkes. Tro fuldkomment på den Almægtige. Tro kan skabe mirakler.

108

Tænd kærlighedens og troens lys i dit indre og gå fremad.

Når vi tager hvert et skridt med gode tanker og et smilende ansigt, så vil alt godt komme til dig og fylde dit væsen. Så vil det være umuligt for Gud at holde sig væk fra dig. Guddommelighed vil favne dig.

www.ingramcontent.com/pod-product-compliance
Lightning Source LLC
Chambersburg PA
CBHW061954070426
42450CB00011BA/3029